Elsbeth Bihler

Mit Kindern Nikolaus feiern

Ideen für Familie, Kindergarten und Grundschule

Mit Illustrationen von Eve Jacob

Lahn-Verlag, Limburg – Kevelaer

Inhalt

Vorwort

Groß und Klein ist er vertraut: der heilige Nikolaus – Patron der Kinder –, der sie aus seinem großen Sack beschenkt.
Im Laufe der Jahrhunderte wird der heilige Nikolaus allerdings auch zum „bedrohlichen Erzieher", der in seinem „goldenen Buch" nachschaut, ob die Kinder im vergangenen Jahr gut oder böse waren. Begleitet von seinem Helfer in der Gestalt des Knecht Ruprecht lobt er die guten Kinder. Die Bösen werden mit der Rute bestraft.
Heute wird der Heilige in den Medien, in den Geschäften und auf den Weihnachtsmärkten immer mehr vom „Weihnachtsmann" verdrängt.
Wie auch immer – die Figur des Nikolaus bleibt für die Kinder geheimnisumwittert.

Dieses Buch gibt ErzieherInnen und Eltern Anregungen und Hilfen, Kindern die Gestalt des heiligen Nikolaus näher zu bringen. In Liedern, Spielen, Bastelarbeiten, Geschichten und Stilleübungen – vertieft durch biblische Texte – lernen die Kinder diesen berühmten Heiligen mit seiner Herzenswärme und Menschenfreundlichkeit kennen und erfahren mit Kopf und Herz, was den heiligen Bischof Nikolaus vom Weihnachtsmann mit der roten Zipfelmütze unterscheidet.

Elsbeth Bihler

Sankt Nikolaus

Vor langen, langen Jahren
in einem fernen Land,
lebt einst ein heiliger Bischof,
Sankt Nikolaus genannt.
Er war geliebt von Groß und Klein,
denn alle wollte er erfreun,
und noch vom Himmel steigt er nieder,
beschenkt die guten Kinder wieder.

Überliefert

Der Nikolaus kommt

Es klingelt an der Tür. Markus sieht Petra an. Petra sieht Markus an. „Wollt ihr nicht öffnen?", fragt die Mutter. Es klingelt wieder. Da steht der Vater auf und geht zur Tür. Mit schweren Schritten läuft der Nikolaus durch den Flur. Jetzt öffnet der Vater die Zimmertür. Ängstlich stehen Markus und Petra da. Der Nikolaus sieht aus wie ein Bischof. Er hat ein rotes Gewand an. Er trägt eine Bischofsmütze auf dem Kopf und hält einen Bischofsstab in der linken Hand. Mit der rechten Hand trägt er einen Sack auf dem Rücken. Ganz freundlich sagt er: „Guten Abend!" Da haben die Kinder keine Angst mehr. Markus gibt dem Nikolaus die Hand. Petra singt sogar ein Lied vor:

„Lasst und froh und munter sein
und uns recht von Herzen freu'n.
Lustig, lustig traleralera,
heut ist Nikolausabend da!"

Dem Nikolaus gefällt das Lied. Er nimmt seinen Sack vom Rücken und stellt ihn mitten ins Zimmer. Markus und Petra dürfen in den Sack hineinfassen. Da gibt es Äpfel, Plätzchen und Spielzeug. „Danke, Nikolaus!", rufen die Kinder. Dann muss der Nikolaus weiter. Er sagt: „Viele Kinder warten auf mich!"
Ob es wirklich der richtige Nikolaus war? Oder jemand, der sich verkleidet hat? Markus weiß es nicht. Im Flur findet er noch ein kleines Auto und eine Apfelsine in seinen Schuhen.

Rolf Krenzer

Lasst uns froh und munter sein

2. Dann stell ich den Teller auf,
   Niklaus legt gewiss was drauf.

3. Wenn ich schlaf, dann träume ich:
   Nikolaus bringt was mit für mich.

4. Wenn ich aufgestanden bin,
   lauf ich schnell zum Teller hin.

5. Nikolaus ist ein guter Mann,
   dem man nicht genug danken kann.

Text und Melodie: *Volksgut*

Nikolauskostüm

Für das *Gewand* zwei Bettlaken so zusammenheften, dass in der Mitte ein Loch für den Kopf bleibt. Einen *Gürtel* aus gedrehter Wolle herstellen.
Die *Mitra* aus starker Goldfolie basteln. Zunächst eine Vorlage aus Zeitungspapier schneiden. (Darauf achten, dass der untere Streifen, der um den Kopf gelegt wird, länger ist als der Kopfumfang. Der Streifen wird später mit einer Büroklammer geschlossen.) Die Vorlage wird auf die Goldfolie gelegt und die Mitra wird zugeschnitten. Mit Nägeln oder Stricknadeln Muster und das Kreuz hineindrücken.
Den *Bischofsstab* aus einem Besenstiel herstellen, an dem aus stabilem, aber noch biegsamem Draht die Spirale befestigt wird. Sie wird mit geknülltem Zeitungspapier, Blumendraht und Alufolie umwickelt.

Weihnachtsmannfreie Zone

Hannah und Lars sind in der zweiten Klasse und spielen oft miteinander. Eines Tages, kurz vor dem Ersten Advent, sagt Lars zu Hannah: „Du, Hannah, morgen gehe ich mit meiner Oma auf den Weihnachtsmarkt. Wenn du Lust hast, dann komm doch mit!“ – „Na ja, da muss ich erst meine Eltern fragen.“ Hannah geht nach Hause und fragt ihre Mutter: „Darf ich morgen mit Lars zum Weihnachtsmarkt?“ – „Ihr zwei allein?“, fragt Hannahs Mutter. „Nein, die Oma von Lars geht doch auch mit.“ – „Na gut, dann sieh mal nach, ob du noch etwas Taschengeld hast! Aber gib nicht alles für überflüssige Sachen aus!“ Am nächsten Tag gibt ihr die Mutter noch 5 Euro zum Taschengeld dazu.
Lars, seine Oma und Hannah fahren mit dem Bus in die Stadt. Als sie am Weihnachtsmarkt ankommen, bleiben die Kinder erstaunt stehen: Da ist ein Glitzern und Flittern und Weihnachtslieder tönen aus den Lautsprechern. Bei den vielen aufgebauten Buden und Ständen wissen sie gar nicht, wohin sie zuerst schauen sollen.
„Hannah, sieh mal, da ist der Weihnachtsmann!“ Lars ist ganz aufgeregt. Und richtig, da sitzt ein Weihnachtsmann mit rotem Mantel und roter Zipfelmütze und nickt allen freundlich zu. Manche Kinder nimmt er auf den Schoß und die Eltern machen Fotos von ihnen. Mit tiefer Stimme ruft er: „Hohoho, seid ihr auch alle brav?“ Hannah fürchtet sich etwas vor diesem Weihnachtsmann und sagt zu Lars: „Komm, lass uns hier weggehen. Der macht mir Angst!“ – „Aber vor dem brauchst du doch keine Angst zu haben! Der bringt dir doch Weihnachten die Geschenke!“ – „Stimmt nicht“, sagt Hannah, „bei uns zu Hause bringt das Christkind die Geschenke!“ – „Gar nicht wahr“, meint Lars, „es ist der Weihnachtsmann!“ – „Welcher denn?“, fragt Hannah. – „Wieso welcher denn?

Es gibt doch nur einen!" – „Nein, sieh mal, da kommt der zweite", sagt Hannah und zeigt mit dem Finger auf einen Weihnachtsmann, der gerade den Weg zwischen den Buden entlangläuft. Lars' Augen werden groß. Welcher Weihnachtsmann ist denn nun der richtige?
Auf ihrem Weg über den Weihnachtsmarkt begegnen ihnen noch drei andere Weihnachtsmänner. Und Lars ist sich sicher: Hier stimmt etwas nicht! Hannah meint: „Wir können doch mal deine Oma fragen. Die weiß über Weihnachten bestimmt gut Bescheid."
Die Oma schaut die Kinder an und sagt: „Ja, seht ihr, der Weihnachtsmann, das ist so eine Erfindung der Geschäftsleute, die die Menschen zum Kaufen vieler Sachen bringen wollen. In den Kostümen stecken Männer – und manchmal auch Frauen –, die dafür bezahlt werden, dass sie Werbung machen.

Der richtige Mann, der den Menschen Geschenke gemacht hat, der heißt Nikolaus. Er war ein Bischof und hat den armen Leuten geholfen, wo er nur konnte. Er hatte ein gutes Herz. Und wenn wir einander am Nikolaustag oder auch an Weihnachten etwas schenken, dann tun wir das, weil er uns das vorgemacht hat.
Manchmal kommt ja auch zu euch der Nikolaus. Erinnert ihr euch an den Kindergarten? Da hat auch jemand den Nikolaus dargestellt als Bischof, denn der echte Bischof Nikolaus ist schon lange gestorben und wohnt jetzt bei Gott im Himmel. Er war ein heiliger Mann, dem wir nacheifern sollen."
Auf der Rückfahrt erzählt die Oma ihnen viele Geschichten vom heiligen Nikolaus: wie er armen Mädchen Gold schenkte, damit sie heiraten konnten, wie er dafür sorgte, dass die Menschen in seiner Stadt Korn bekamen und nicht verhungern mussten, oder wie er einem Kaufmann half, dass aus seinem Herzen aus Stein ein gutes Herz wurde, das auch an andere Menschen dachte. Leise flüstert

Hannah Lars ins Ohr: „Der Nikolaus, der war ein richtig guter Mann."
Am nächsten Tag erzählen die beiden in der Schule von ihrem Erlebnis mit den Weihnachtsmännern und von dem, was die Oma von Lars über den Bischof Nikolaus wusste. Die Lehrerin gibt der Oma Recht und sagt: „Also, wenn wir in der nächsten Woche unseren Adventsbasar machen, dann wollen wir da keine Weihnachtsmänner sehen, oder?" Alle haben verstanden um was es geht und rufen wie aus einem Mund: „Nein, nie im Leben!"
Und Lars sagt: „Ich werde ein Weihnachtsmann-Verbotsschild malen. Das können wir dann aufhängen." Die Lehrerin findet, dass das eine sehr gute Idee ist. Am Nachmittag zeichnet Lars ein großes Verbotsschild mit einem Weihnachtsmann in der Mitte. Ein großer Balken verläuft quer über ihn. Und Hannah hilft ihm beim Buntmalen.

Elsbeth Bihler

Verbotsschild Weihnachtsmann

Material:

blauer Fotokarton
rotes Tonpapier
Bild von einem Weihnachtsmann
Buntstifte
Schere
Klebstoff

Aus dem blauen Fotokarton einen Kreis ausschneiden.
Aus dem roten Tonpapier den Rand des Schildes schneiden und auf den Kreis kleben.
In die Mitte das Bild von einem Weihnachtsmann kleben oder einen Weihnachtsmann malen. Die rote Randlinie darf dabei nicht beklebt oder bemalt werden. Dann einen roten Streifen Tonpapier über den Weihnachtsmann kleben.

Nikolaus mit Mitra und Stab

Material: weißes Zeichenpapier für den Körper
rotes Tonpapier für den Mantel
Goldfolie für die Mitra und den Bischofsstab
Watte für den Bart und die Haare
Schere
Klebstoff

Körper: Schneide einen Kreis aus weißem Zeichenpapier, 24 cm im Durchmesser. Teile ihn in vier Teile. Für den Körper brauchst du 1/4 des Kreises. Klebe den Kreisabschnitt zu einer spitzen Tüte zusammen. Das ist der Körper.

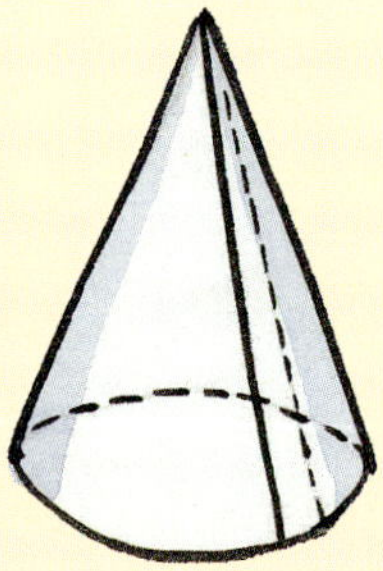

Mantel: Schneide aus rotem Tonpapier ein Rechteck, 14,5 × 4,5 cm. Aus der Mitte schneide einen Kreis von 2,5 cm Durchmesser heraus. Das ist der Mantel mit dem Kopfloch. Ziehe den Mantel über den Körper und klebe ihn mit zwei Tropfen Klebstoff am Saum fest.

Arme: Schneide aus weißem Zeichenpapier ein Rechteck: 8 × 5 cm. Zeichne nach der Vorlage die Arme und schneide sie aus. Klebe sie unter den Mantel an den Rücken des Körpers.

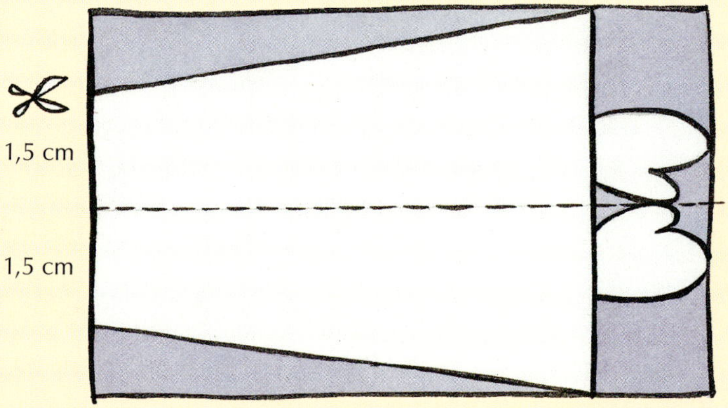

Mitra: Jetzt nimm ein Rechteck aus Goldfolie, 7,5 × 5 cm, und zeichne nach der Vorlage die Mitra, den Hut vom Nikolaus. Das kleine Rechteck, 2 × 1 cm, am Rand brauchst du, um die Mitra zusammenzukleben. Setze die Mitra auf die Spitze des Körpers.

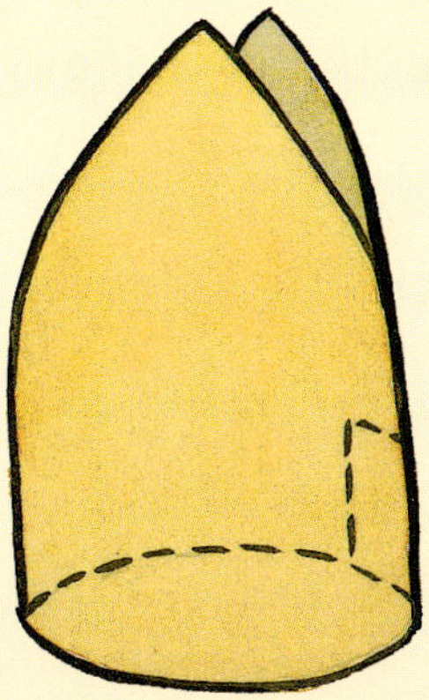

Gesicht, Bart und Haar: Zum Schluss male dem Nikolaus ein Gesicht und klebe ihm einen Bart und Haare aus Watte an.

In einer Hand hält der Nikolaus einen *Bischofsstab*, aus Goldfolie geschnitten. Die Spitze ist zu einer „Schnecke“ aufgerollt.

Elisabeth Scharafat

Die drei Mädchen

In einer Stadt lebte ein Mann mit seinen drei Töchtern. Der Mann war arm, er hatte alles verloren und viele Schulden. Er wusste nicht mehr weiter. Er sprach mit den Mädchen und sagte: „Es hat alles keinen Zweck mehr, ihr müsst selbst für euch sorgen. Geht zu den Reichen und sagt, dass ihr ihnen dienen wollt!" Dabei weinte er und die Mädchen fingen auch an zu weinen, weil sie sich alle lieb hatten. Sie merkten nicht, dass jemand am offenen Fenster lauschte. Es war Nikolaus, ihr Nachbar, der gerade zufällig vorbeikam. Als er merkte, wie groß die Not in diesem Haus war, beschloss er zu helfen, denn seine Eltern waren reich. In der Nacht schlich er zum Nachbarhaus und warf einen Beutel mit Goldstücken in das Fenster der ältesten Tochter. Ihr könnt euch vorstellen, wie verwundert sie war und ihr Vater und ihre Schwestern auch. In der zweiten Nacht fiel der Beutel mit Gold in das Zimmer der zweiten Tochter. Wieder war die Verwunderung groß und der Vater beschloss, diesmal gut aufzupassen, wer ihnen da helfen wollte.
Als Nikolaus dann in der dritten Nacht kam und den Beutel Gold in das Fenster der jüngsten Tochter warf, trat ihm der Vater aus dem Schatten entgegen und warf sich Nikolaus zu Füßen, um ihm zu danken. Nikolaus aber hob ihn auf und sagte: „Du musst mir nicht danken. Wie kann ich im Überfluss leben, wenn andere sich und ihr Leben verkaufen

müssen? Danke Gott und meinem Herrn Jesus Christus, der mir gezeigt hat, wie groß deine Not ist!“ Das tat der Mann und nun konnten seine Töchter bei ihm bleiben und später heiraten.
Nikolaus aber ging fort und wurde Priester und Bischof in der Stadt Myra.

Nach einer Legende

Szenisches Spiel zur Legende

Während die Legende vorgelesen wird, spielen die Kinder die Geschichte nach. Sie werden mit Tüchern verkleidet.
Nikolaus bekommt einen roten Umhang, der Mann und die Mädchen dunklere Tücher. Zwei Kinder stellen mit drei Tüchern das Haus bzw. die Zimmer dar: Jedes Kind fasst ein Tuch an der schmalen Seite mit zwei Händen und lässt es vor sich herunterhängen. Das dritte Tuch wird zwischen die beiden Kinder gespannt, wobei sie ihre anderen Tuchenden weiter festhalten.
Für die Säcke mit Goldstücken werden gelbe Tücher zu großen Knoten verarbeitet.

Wo euer Schatz ist, da ist auch euer Herz

Jesus erzählte den Leuten vom Reich Gottes, in dem alle Menschen froh sein dürfen. Er sagte:
Ihr müsst keine Angst haben, denn im Reich Gottes wird niemand mehr weinen und traurig sein.
Ihr könnt selbst mithelfen, damit es schon jetzt weiter wächst: Verkauft alles, was in eurem Leben überflüssig ist. Schenkt das Geld den Armen, damit auch sie froh und zufrieden leben können. Sammelt euch Schätze im Himmel und nicht auf der Erde. Denn wo euer Schatz ist, da ist auch euer Herz.

Nach Lukas 12,33–34

Gestaltung zum Bibeltext

Text	Gestaltung
Hier siehst du ein gelbes Tuch. Es sieht aus wie Gold. Auf dieses Tuch legen wir alles, was ganz wichtig ist für uns, was so ist, wie ein großer Schatz.	Gelbes Tuch in die Mitte legen. Die Kinder benennen einige Dinge, die auf Tonpapierkärtchen gezeichnet werden. Die bemalten Kärtchen werden auf das gelbe Tuch gelegt.
Neben das gelbe Tuch, auf dem jetzt alles liegt, woran unser Herz hängt, legen wir nun ein hellblaues Tuch. Es sieht aus wie der Himmel. Jesus sagt: Der Himmel, in dem Gott wohnt, der ist nicht da oben.	Ein hellblaues Tuch wird neben das gelbe Tuch gelegt.
Das Reich Gottes ist da, wo Menschen sich lieb haben. Davon soll euer Herz voll sein. Jesus sagt: Wo euer Schatz ist, da ist auch euer Herz.	Ein rotes Herz aus Tonpapier wird auf das blaue Tuch gelegt.
Überlegen wir einen Moment: Was von all dem, das wir genannt haben, ist wirklich wichtig für unser Leben? –	Stille
Vielleicht können wir auch etwas sagen, das wir tun können, damit das Reich Gottes kommt: Wenn wir das tun, was Gott will, dann werden alle Menschen froh und glücklich.	
Deshalb schmücken wir jetzt unser Herz auf dem blauen Tuch mit vielen Dingen. Ihr alle dürft dabei mithelfen.	Das blaue Tuch mit dem Herzen in der Mitte wird von den Kindern mit bunten Bausteinen und Legematerial ausgeschmückt und verziert.

Sei gegrüßt, lieber Nikolaus

2. Der Nikolaus ist hier.
„Hat jemand Angst vor mir?"
Wir rufen ganz laut „Nein!"
„Dann komm ich gern herein!"

3. Du bist ein lieber Mann!
Das sieht dir jeder an!
Siehst wie ein Bischof aus!
Wie Bischof Nikolaus!

4. Der Bischof Nikolaus
ging einst von Haus zu Haus.
Da warn die Kinder froh.
Und das ist heut noch so!

5. Der Bischof Nikolaus
teilt einst die Gaben aus.
Du machst es ebenso.
Drum sind wir Kinder froh.

6. Musst du dann weitergehn
und sagst: „Auf Wiedersehn!",
gehen wir mit bis zur Tür
und alle winken dir.

Text: *Rolf Krenzer*
Melodie: *Detlef Jöcker*
Aus: Sei gegrüßt, lieber Nikolaus

Rettung aus Hungersnot

Als Bischof von Myra sorgte sich Nikolaus um die Menschen in seiner Stadt und ihrer Umgebung. Er verkündete nicht nur die Frohe Botschaft von Jesus, sondern er half den Menschen, wo er nur konnte.

Aber es kam eine Zeit, da schien alles umsonst. Es war eine große Hungersnot über das Land gekommen. Die Ernte war durch Unwetter zerstört, die Scheunen waren leer, die Menschen hatten nichts mehr zu essen. Sie starben. Zuerst die kleinen Kinder und die alten und schwachen Menschen. Bischof Nikolaus tröstete so gut er konnte und teilte mit den Leuten, was er selbst hatte. Er betete zu Gott, dass er Rettung schicken möge.

Eines Tages kamen die Menschen an sein Haus und riefen: „Es kommen große Schiffe! Sie sind voll beladen mit Korn. Sie gehören dem Kaiser!" Alle liefen zum Hafen. Die Schiffe bedeuteten Hoffnung. Als die Seeleute die Anker warfen, ließ Bischof Nikolaus sich zu einem der Schiffe rudern. „Ihr könnt den Menschen hier helfen, wenn ihr uns von eurem Korn etwas abgebt!", sagte er. „Das geht nicht", sagte der Kapitän, „das Korn gehört dem Kaiser und wir müssen genauso viel abgeben, wie wir aufgeladen haben!" Bischof Nikolaus antwortete: „Im Namen Gottes und seines Sohnes Jesus Christus, ich sage dir: Wenn du mit deinem Korn die Menschen dieser Gegend rettest, wird dir an deiner Ladung nicht ein Korn fehlen!" Der Kapitän meinte: „Gut, das können wir probieren." Er machte außen an seinem Schiff einen dicken weißen Strich, da, wo es das Wasser berührte. „Ihr könnt so viel Korn abladen, wie ihr wollt, solange das Schiff nicht leichter wird und sich aus dem Wasser hebt." Die Menschen von Myra kamen nun mit allen Säcken und Körben, die sie auftreiben konnten, und luden Korn ab, um es in die Speicher zu bringen. Das Schiff aber wurde nicht leichter, dem Kapitän fehlte kein Korn, so wie der Bischof Nikolaus es vorher gesagt hatte. Die Menschen von Myra aber waren gerettet und dankten ihrem Bischof, der mit ihnen gemeinsam Gott dankte.

Das Korn wurde gerecht verteilt, sodass alle Menschen leben konnten und sie auch noch genug Saatgut für die kommenden Jahre hatten.

Nach einer Legende

Schattenspiel zur Legende

Aus Zeitungspapier werden Schiffe, Säcke, der Bischof Nikolaus, Wellen und Leute gerissen (max. 20 cm hoch). Der Geschichte folgend werden die einzelnen Figuren auf einen Tageslichtprojektor gelegt und an die Wand projiziert.

Kornschiff

Ein DIN-A4-Blatt in der Mitte knicken. Die beiden Enden der Falz zur Blattmitte zusammenführen und die entstehenden Kanten knicken, sodass ein breiter Streifen stehen bleibt. Die obere und die untere Schicht des Streifens jeweils nach außen knicken und die vier überstehenden Ecken einzeln um die rechte bzw. linke Kante falten. Das nun vorliegende Dreieck von unten öffnen (dafür die beiden Enden der langen Seite zusammendrücken und aufeinander legen), sodass ein Quadrat entsteht. Nun die beiden lose aufeinander liegenden Ecken jeweils nach außen klappen, sodass wieder ein Dreieck entsteht. Wiederum von der Mitte der langen Seite ausgehend ein Quadrat falten. Nun an der Ecke, die den beiden lose aufeinander liegenden Ecken gegenüberliegt, die rechts und links überlappenden Zipfel auseinander ziehen. Körner in das Schiff hineinfüllen. Das Schiff als Erinnerung an die Kornschifflegende auf ein blaues Tuch stellen.

Die Sonne und die Wolke

Die Sonne reiste in ihrem Feuerwagen über den Himmel, froh und glorreich warf sie ihre Strahlen in alle Richtungen zum großen Ärger einer gewittrig gelaunten Wolke, die brummte: „Verschwenderin, Vergeuderin, wirf nur deine Strahlen alle weg, du wirst schon sehen, was dir dann übrig bleibt."
Jede Traube in den Weinbergen, die an den Reben reifte, stahl sich einen Strahl in der Minute oder sogar zwei; und da war kein Grashalm, keine Spinne, keine Blume und kein Wassertropfen, der sich nicht seinen Teil genommen hätte.
„Lass dich nur von allen bestehlen: Du wirst schon sehen, wie sie es dir danken werden, wenn du nichts mehr hast, das man dir stehlen könnte."
Die Sonne reiste vergnügt weiter und schenkte Millionen und Milliarden Strahlen, ohne sie zu zählen.
Erst bei ihrem Untergang zählte sie die Strahlen, die sie noch hatte: Und siehe, es fehlte kein einziger. Die Wolke löste sich vor Überraschung in Hagel auf.
Und die Sonne verschwand vergnügt im Meer.

Gianni Rodari

Ich schenk dir einen Sonnenstrahl

2. Ich schenk dir einen Sonnenstrahl,
dann spürt es jedermann:
Ein Sonnenstrahl steckt tausendmal
die andern alle an.

3. Ich schenk dir einen Sonnenstrahl,
damit du daran denkst,
dass du mir einen Sonnenstrahl,
wenn ich ihn brauche, schenkst.

Text: *Rolf Krenzer*
Melodie: *Detlev Jöcker*
Aus: Elefantis Liederwiese

Tanzanleitung zum Lied

1. Strophe: Alle gehen durch den Raum
und zwei Kinder finden sich.
Sie heben die rechten Hände
und fassen sich an.
Dann drehen sie sich im Kreis.

2. Strophe: Die Paare, die sich gefunden haben,
gehen auf ein anderes Paar zu,
fassen sich mit den rechten Händen
in der Mitte zusammen
und drehen sich im Kreis.

3. Strophe: Die vier Kinder, die sich gefunden haben,
bilden eine Kette und suchen sich
vier andere Kinder.
Sie führen nun die Hände
in der Mitte zusammen
und drehen sich im Kreis.

Strahlen zur Sonne legen

In der Mitte liegt auf einem blauen Tuch ein gelber Sonnenball. Die Kinder legen vorbereitete Strahlen aus gelbem Tonpapier zum Sonnenball in die Mitte und sagen, was sie gerne verschenken möchten, womit sie anderen eine Freude machen können.

Wichteln

Die Namen der Kinder aus der Gruppe werden auf Zettel geschrieben und in einen Korb gelegt. Jedes Kind zieht einen Namen. Wer den eigenen Namen zieht, legt den Zettel wieder zurück.
Jedes Kind überlegt sich, was es dem Kind, dessen Namen es gezogen hat, schenken könnte (möglichst selbst gebastelt).
Das Geschenk wird schön eingepackt und ohne zu verraten, von wem es kommt, dem jeweiligen Kind in die Tasche gelegt.

Die Sterntaler

Es war einmal ein kleines Mädchen. Es hatte keinen Vater und keine Mutter mehr. Die waren tot.
Das Mädchen war so arm, dass es kein Zimmer mehr hatte, in dem es wohnen konnte. Es hatte auch kein Bettchen um darin zu schlafen. Es hatte nur noch die Kleider auf dem Leib und ein Stückchen Brot in der Hand, das ihm ein guter Mensch geschenkt hatte. Das Mädchen war gut und vertraute auf Gott. Und weil es von aller Welt verlassen war, ging es im Vertrauen auf den lieben Gott hinaus ins Feld.
Da begegnete ihm ein armer Mann, der sprach: „Ach, gib mir etwas zu essen, ich bin so hungrig." Es reichte ihm das ganze Stückchen Brot und sagte: „Gott segne dir's", und ging weiter.
Da kam ein Kind, das jammerte und sprach: „Es friert mich so an meinem Kopfe, schenk mir etwas, womit ich ihn bedecken kann." Da tat es seine Mütze ab und gab sie ihm.
Und als es noch eine Weile gegangen war, kam wieder ein Kind und hatte keinen Pullover an und fror. Da gab es ihm seinen; und noch weiter, da bat eins um ein Röcklein, das gab es auch von sich hin.
Endlich gelangte es in einen Wald und es war schon dunkel geworden; da kam noch eins und bat um ein Hemdlein und das fromme Mädchen dachte: Es ist dunkle Nacht, da sieht dich niemand, du kannst wohl dein Hemd weggeben, und zog das Hemd ab und gab es auch noch hin. ▸

Und wie das Mädchen so stand und gar nichts mehr hatte, fielen auf einmal die Sterne vom Himmel und waren lauter blanke Taler – und ob es gleich sein Hemdlein weggegeben, so hatte es ein neues an und das war vom allerfeinsten Leinen. Da sammelte es sich die Taler hinein und war reich für sein Lebtag.

Nach einem Märchen der Gebrüder Grimm

Das Märchen nachspielen

Gemeinsam überlegen, welche Personen im Märchen vorkommen.
Die einzelnen Rollen verteilen.
Die Kinder mit Tüchern verkleiden.
Das Märchen vorlesen und nachspielen.

Nikolaus und der Kaufmann mit dem steinernen Herzen

Ein Kaufmann war sehr reich geworden, konnte aber nie genug bekommen und wollte immer noch mehr verdienen. Als er eines Tages auf Reisen war, erschien ihm der Verführer.
„Möchtest du reicher als alle werden?", fragte er ihn. „Nichts lieber als das!", sagte der Kaufmann, „was muss ich dafür tun?" „Du musst mir dafür dein Herz geben", sagte der Verführer.
Ohne Zögern tauschte der Kaufmann sein Herz gegen einen Stein. In nur einem Augenblick geschah das. Dann verschwand der Verführer.

In den folgenden Jahren wurde der Kaufmann reicher als alle anderen Menschen, aber auch immer verlassener und einsamer. Als er eines Tages wieder dorthin kam, wo ihm der Verführer sein Herz genommen hatte, begegnete ihm der Bischof Nikolaus von Myra. „Warum bist du so traurig?", fragte er den Kaufmann. Da erzählte der reiche Mann seine Geschichte.
Der Heilige tröstete ihn und sprach: „Du kannst wieder glücklich werden, wenn du mit deinem Geld den Armen hilfst. Geh in die Häuser der Krankheit

und des Hungers und lerne die Not der Menschen sehen."
Der Kaufmann tat, wie der Bischof Nikolaus ihm geraten hatte. Mit jedem guten Wort und jeder helfenden Tat schmolz der Stein in seiner Brust und das Herz kam wieder. Als er starb, war aus dem armen Reichen ein reicher Armer geworden.

Nach einer Legende

Pantomime zur Legende

Die Geschichte kann während des Erzählens pantomimisch dargestellt werden. Die Verkleidung geschieht durch bunte Tücher. Deutlich muss werden, dass der reiche Kaufmann immer einsamer wird, während sein Reichtum anwächst. Die Szenen, wo er beginnt anderen zu helfen, können aus der Vorstellung heraus vertieft und ausgeschmückt werden.

Herz aus Stein – Herz aus Fleisch

Ich schenke euch ein neues Herz
und lege einen neuen Geist in euch.
Ich nehme das Herz von Stein aus eurer Brust
und gebe euch ein Herz von Fleisch.
Ich lege meinen Geist in euch und bewirke,
dass ihr meinen Gesetzen folgt
und auf meine Gebote achtet und sie erfüllt.
Dann werdet ihr in dem Land wohnen,
das ich euren Vätern gab. Ihr werdet mein Volk sein,
und ich werde euer Gott sein.

Ezechiel 36,26–28

Verklanglichung zum Bibeltext

Vorstellung	Verklanglichung
Herz aus Stein	harte Schläge auf Holzinstrumenten
Herz aus Fleisch	wohlklingende Töne mit weichem Schlägel auf Metallophonen

Unser Herz schlägt

(Alle sitzen im Kreis. Die Mitte ist als Herz gestaltet.)

Wir schließen die Augen.
Wir versuchen ganz still zu werden.
Wir hören nicht mehr,
was um uns herum geschieht.
Wir horchen nur in uns hinein.

Wenn wir gut Acht geben,
spüren wir vielleicht,
wie unser Herz schlägt.
Wir wollen eine Weile
diesem Herzschlag nachhorchen.

Wenn wir ihn spüren,
dann spüren wir unser Leben.
Wir spüren, wie gut es ist zu leben.

Das Herz ist die Mitte

(Alle sitzen im Kreis. Viele rote Tücher, Teelichter und schwarze Punkte aus Tonpapier sind vorbereitet.)

Ich lade euch ein, aus den roten Tüchern
hier in der Mitte ein großes Herz zu legen.

(Die Kinder legen ein Herz aus den roten Tüchern und setzen sich dann wieder hin.)

Ein Herz, das hat jeder von uns.
Wenn wir ganz still sind,
hören wir es in uns pochen.
Das Herz ist die Mitte von uns Menschen.
Deshalb sagen wir auch:
Das Innerste, was wir denken und fühlen,
das tragen wir im Herzen.
Das Herz, das ist so tief in uns, das gehört nur uns.
Manche Menschen sagen:
Ich schenke dir mein Herz.
Sie meinen damit: Ich habe dich so sehr lieb,
dass ich mich ganz für dich öffne.
Ich kann dir alles sagen.
Du verstehst mich.
Auch vor Gott können wir unser Herz öffnen. ▸

Stilleübung

Wir können ihm alles sagen.
Alles, was wir in unserem Herzen tragen:
Freude, Liebe, aber auch Kummer,
Traurigkeit und wenn wir böse waren.
Wir wollen jetzt still werden
und in unser Herz schauen.
Was ist da Frohes?
Was ist da, was uns traurig macht?

(Stille evtl. mit Musik)

Jedes Kind darf jetzt sagen,
was es traurig oder froh macht.
Ich stelle eine große Kerze in die Mitte.
Sie sagt uns: Jesus ist bei uns.
Wenn etwas Schönes gesagt wird,
darf das Kind, das es gesagt hat,
eine kleine Kerze in das Herz stellen.
Wenn etwas Trauriges gesagt wird,
legen wir einen schwarzen Punkt hinein.
Und immer dürfen wir darauf vertrauen,
dass Gott uns lieb hat.
Alles nimmt er an.

Herz

Ein Herz aus rotem Tonpapier gestalten und in das Herz hineinschreiben, was ein „Herz aus Fleisch" auszeichnet im Gegensatz zu einem „Herzen aus Stein".

Wir spielen „versteinern"

Alle gehen im Raum umher. Auf ein bestimmtes Zeichen hin (Trommelschlag o.ä.) bleiben alle wie „versteinert" stehen und rühren kein Glied ihres Körpers. Wenn das Zeichen wieder ertönt, dürfen alle weitergehen und auf das nächste Zeichen warten.
Anschließend folgt ein Gespräch darüber, wie man sich fühlt, wenn man „versteinert", und was es in diesem Zusammenhang bedeutet, wenn man von einem „Herz aus Stein" spricht.

Rettung aus Seenot

Seeleute aus Myra waren einmal mit ihrem Schiff auf dem Meer unterwegs. Sie waren schon einige Tage vom Land weg. Plötzlich erhob sich ein gewaltiger Sturm. Sie hatten Mühe ihr Schiff auf dem richtigen Kurs zu halten.
Irgendwann wurde der Sturm so heftig, dass sie nichts mehr machen konnten. Sie wussten auch nicht mehr, wo sie waren. In ihrer Angst und Verzweiflung beteten sie zu Gott: „Hilf uns in unserer Not, wie du damals die Menschen durch Bischof Nikolaus aus der Hungersnot gerettet hast!"
Plötzlich sahen sie jemanden am Steuer ihres Schiffes stehen. Sie konnten nicht genau erkennen, wer es war, weil der Mann sich zum Schutz gegen das Wetter einen schützenden Umhang umgelegt hatte. Er steuerte das Schiff sicher durch die hohen Wellen und gegen den Wind.

Als der Sturm vorbei war, verschwand der seltsame Steuermann. Die Sonne kam heraus und die Seeleute merkten: Wir sind ja wieder zu Hause, vor dem Hafen von Myra.
Da kamen ihnen schon Leute entgegen, die sich Sorgen um sie gemacht hatten. „Wir waren bereits verloren," erzählten die Seeleute, „da hat Bischof Nikolaus das Steuer in die Hand genommen. Er hat uns sicher hierher zurückgebracht!" Und alle dankten Gott für diese wunderbare Rettung aus Seenot.

Nach einer Legende

Sturm auf dem See

Am Abend dieses Tages sagte Jesus zu seinen Freunden: Wir wollen ans andere Ufer hinüberfahren. Sie schickten die Leute fort und fuhren mit ihm in dem Boot, in dem er saß, weg; einige andere Boote begleiteten ihn. Plötzlich erhob sich ein heftiger Wirbelsturm und die Wellen schlugen in das Boot, sodass es sich mit Wasser zu füllen begann. Er aber lag hinten im Boot auf einem Kissen und schlief. Sie weckten ihn und riefen: Meister, kümmert es dich nicht, dass wir zugrunde gehen?
Da stand er auf, drohte dem Wind und sagte zu dem See: Schweig, sei still! Und der Wind legte sich und es trat völlige Stille ein.
Er sagte zu ihnen: Warum habt ihr solche Angst? Habt ihr noch keinen Glauben?
Da ergriff sie große Furcht, und sie sagten zueinander: Was ist das für ein Mensch, dass ihm sogar der Wind und der See gehorchen?

Markus 4,35–41

Verklanglichung und Spiel zum Bibeltext

Vorstellung	**Verklanglichung**	***Spielanleitung***
Das Boot fährt über den See.	Sanfte Wellenbewegungen auf und ab auf Xylophon, Metallophon und Glockenspiel	*In einem umgedrehten Tisch sitzen einige Kinder und machen Ruderbewegungen. Andere Kinder mit blauen Tüchern stehen rechts und links neben dem Boot. Je zwei Kinder halten ein Tuch und ahmen damit die sanften Wellenbewegungen nach.*
Jesus schläft.	leiser Triangelton	*Ein Kind liegt im Boot und schläft.*
Es stürmt.	Trommeln, Hölzer und Rasseln ahmen den Sturm nach.	*Die Tücherkinder machen mit den Tüchern hohe Wellenbewegungen.*
Die Jünger haben Angst.	Rasseln	*Die Kinder im Boot wecken „Jesus".*
Jesus befiehlt dem Sturm.	Paukenschlag, dann Stille	*„Jesus" steht auf und streckt einen Arm aus. Die Tücherkinder halten ihre Tücher still.*

(In ähnlicher Weise lässt sich auch die Geschichte vom Nikolaus und der Rettung aus Seenot auf S. 38 umsetzen. Darüber hinaus bietet es sich an, mit den Kindern im Anschluss an die Spielszene über Situationen zu sprechen, in denen sie Angst empfunden haben, und darüber, wer ihnen die Angst genommen hat.)

Ein Sturm kommt auf

(Alle sitzen im Kreis. In der Mitte ist ein großes blaues Schwungtuch ausgebreitet.)

In der Mitte sehen wir ein blaues Tuch.
Es soll uns an einen See erinnern.
Wir haben eben gehört:
Jesus fährt mit seinen Freunden
über den See Genezaret.
Wir fassen alle an das blaue Tuch und machen
damit kleine, sanfte Wellenbewegungen.
Dann legen wir das Tuch wieder zurück.
Wir schließen die Augen.
Vor unserem inneren Auge sehen wir
das kleine Fischerboot auf dem See.
Es wird angetrieben von einem sanften Wind,
der in das Segel bläst.
Es schaukelt sanft auf den Wellen.
Plötzlich kommt ein Sturm auf.
Ein heftiger Windstoß lässt das Segel aufblähen.
Die Wellen werden heftiger.
Immer höher schlagen sie ins Boot.
Der Sturm beginnt zu heulen.
Die Menschen im Boot sind hilflos. ▸

Sie haben Angst.
An dieser Stelle fragen wir uns:
Waren wir auch schon einmal in solcher Not?
Hatten wir auch schon einmal große Angst?
Jesus sagt: Wenn ihr an mich glaubt,
wenn ihr auf mich vertraut,
dann braucht ihr keine Angst zu haben.
Der Sturm lässt nach.
Die Wellen gehen wieder sanfter.
Jetzt ist es ganz still.
Wir öffnen die Augen und sehen auf den stillen See.
Wir fragen uns: Haben wir es schon einmal erlebt,
dass jemand da war, als wir große Angst hatten?
Wie hat er, wie hat sie es geschafft,
unsere Angst zu vertreiben?

Nikolaustag

Wir feiern heute Sankt Nikolaus,
Bischof aus alter Zeit,
der da ging von Haus zu Haus
zum Helfen stets bereit.

Hier gab er das nöt'ge Geld,
dort ein tröstend Wort;
obwohl er nicht dazu bestellt,
fand er der Sorgen Ort.

Er sah mit seinem Herzen gut,
wie Jesus einst getan.
Schenkt vielen Menschen
neuen Mut:
Da fing das Leben an.

Wer mit dem Nächsten teilen kann
sein Brot und seine Zeit,
wird leben wie der heil'ge Mann,
sein Freund sein allezeit.

So feiern wir von Herzen heut,
dich guter Nikolaus.
Und wandern wird die große Freud
von dir zu jedem Haus.

Hermine König

Verse, die zum Reimen reizen

Es klingelt an der Tür – hurra!
Ist der Paketmann denn schon ... (da)?

Vielleicht bringt er vom Nikolaus
was Schönes mit der Post ins ... (Haus)!

Die Autos und die Eisenbahn,
die man ganz richtig aufziehn ... (kann).

Auch Pfeffernüsse, Marzipan
und einen süßen Stuten ... (-mann).

Vielleicht auch einen Teddybär,
der alte brummt ja längst nicht ... (mehr).

Indianerfedern wären gut,
dazu ein neuer Cowboy ... (-hut).

Nur eine Rute – nein, nein, nein!
Niklaus, die packst du nicht mit ... (rein)!

Im Winter, da leuchten in der Ferne
ganz silbrig hell die vielen ... (Sterne).

Wir sitzen am Tisch und knabbern so gerne
die Kekse und Nüsse und Hasel ... (-kerne).

Ich freu mich an dem Bauernhof,
dem Pferd und dem Stall,
an der Eisenbahn, den Autos
und dem neuen ... (Ball).

Die hat mir der Nikolaus gebracht
er kam auch zu mir in der dunklen ... (Nacht).

Barbara Cratzius

Lecker, lecker – Spekulatius!

Die leckeren Plätzchen mit dem schwierigen Namen sind heute auf jedem Weihnachtsteller zu finden. Früher war das ganz anders. Der Spekulatius wurde nur dem heiligen Nikolaus zu Ehren gebacken. Er hatte von ihm ja auch seinen Namen. Das war so: Die Römer nannten den Bischof von Myra in ihrer Sprache *speculator*. Das meint einen Mann, der oft nach innen lauscht. So bekam später das Festgebäck am Nikolaustag den Namen *Spekulatius*.
Als die römischen Soldaten dann vor vielen hundert Jahren auch in unser Land kamen, machten sie das Nikolausgebäck bei uns bekannt, zuerst am Niederrhein. Die Leute schnitzten eine große Holzform als Nikolausfigur, in die der Teig hineingedrückt und ausgeschlagen wurde. Spekulatiusbretter sagen wir heute dazu. Und wie es halt so geht: Die Naschkatzen fanden den Spekulatius so lecker, dass es ihn heute auch zu Weihnachten gibt. Nur kleiner ist er geworden und feiner, sogar mit Mandeln obendrauf. Dazu hat Nikolaus Gesellschaft bekommen von anderen Figuren.

Hermine König

Spekulatius

Zutaten:

500 g durchgesiebtes Mehl
75 g gemahlene Mandeln
250 g brauner Zucker
250 g Butter
3 Eier
abgeriebene Schale einer halben Zitrone
1 Päckchen Spekulatiusgewürz
1 Messerspitze Hirschhornsalz

Zubereitung:

Die Butter wird in kleine Stücke geteilt und mit dem Mehl und den anderen Zutaten – außer dem Hirschhornsalz – vermischt. Der Teig wird einige Stunden kalt gestellt; dann wird das Hirschhornsalz darüber gestreut und der Teig ausgerollt. Der Teig wird in die bemehlten Formen gedrückt oder beliebige Formen werden ausgestochen und auf einem eingefetteten Blech bei mittlerer Hitze gebacken.

Quellennachweis

Text S. 7: aus: Rolf Krenzer, Willkommen, lieber Nikolaus!
© 1998 Lahn-Verlag, Limburg – Kevelaer, 2. Aufl. 1999, S. 171 (leicht geändert).
Bastelanleitung S. 14 f.: © Elisabeth Scharafat
Text S. 25: aus: Gianni Rodari, Das fabelhafte Telefon.
© Verlag Klaus Wagenbach, Berlin 1997, NA 2001.
Texte S. 43, 46: aus: Hermine König, Das große Jahrbuch für Kinder, Kösel-Verlag, München 2001.
Text S. 44 f.: © Barbara Cratzius.

Bibliografische Information Der Deutschen Bibliothek

Die Deutsche Bibliothek verzeichnet diese Publikation in Der Deutschen Nationalbibliografie; detaillierte bibliografische Daten sind im Internet über http.//dnb.ddb.de abrufbar.

ISBN-13: 978-3-7840-3350-1
ISBN-10: 3-7840-3350-4

Umschlagillustration: Eve Jacob, Baden-Baden
Umschlaggestaltung: Elisabeth von der Heiden, Geldern
Notensatz: Nikolaus Veeser, Schallstadt
Satz: Kontrapunkt Satzstudio Bautzen
Druck und Bindung: völcker druck, Goch